아르정탱 엿보다

국립중앙도서관 출판예정도서목록(CIP)

아르정탱 엿보다 : 윤은희 시집 / 지은이: 윤은희. -- 대전
: 지혜, 2016
p. ; cm. -- (지혜사랑 ; 139)

ISBN 979-11-5728-167-1 03810 : ₩9000

한국 현대시[韓國 現代詩]

811.7-KDC6
895.715-DDC23 CIP2016001052

지혜사랑 139

아르정탱 엿보다

윤은희

지혜

시인의 말

살아라, 살아야 하는 것이 시詩다

Nothing과 Something 사이의 표리상응
조롱과 말놀이의 진수이다

시는 육신의 아픔으로 배양된다

겨울을 품은 봄이 필 것이다
피에리아Pieria 장미를 그리워하고 있어요, 제발

2016년 봄을 기다리며
윤은희

차례

2부

3부

• 일러두기
한 연이 첫 번째 행에서 시작될 때는 > 로 표시합니다.

1부

페티시즘의 마리오네트들

I

아담스채플관 문을 열고 들어갔다

알쏭달쏭 스무명의 마리오네트들 아이폰4s에 나오는 Steve Jobs 1의 사과처럼 신맛을 본다 Jobs 2가 듣고 있는 음악을 만진다 백년의 최면에 기대어 Jobs 3의 얼굴에 귀 기울인다 Jobs 4의 손가락이 쇼팽의 피아노와 현을 위한 녹턴을 두드린다

참 우울한 일이야

Jobs 5의 전두엽에 녹아 든 마리오네트 맨드라미 부풀리듯 끄집어낸다

살아있는 척

Steve Jobs의 시뮬라시옹들은 어린 꿈을 환대한다

II

공중그네 타는 스마트폰의 노예들

내일

그리고 오늘

40대 남자의 고장난 시계처럼 역방향으로 달렸지

일요일의 스마트 상점들

페티시즘에 사로잡힌 하우라에게 천국계단으로 배웅한다

발목의 줄을 풀고 천천히 날아오르는 꿈

어릴 적 물구나무서기를 하고 바라보았던 세상이다

물빛 비켜가다

아나톨리氏

피 얼어붙게 하는 겨울 싸락눈 속에서 몸 녹이다 졸도했다 맑고 투명한 물빛의 보드카 코가 알코올 빛이 될 때까지 악마처럼 마셔댔다지 몸피에 어울리지 않게 슬퍼 보이는 퍼니허니

어제는 자정이 지난 시간에 '자 드루지바' 오늘은 소나기 퍼붓는 악처의 잔소리 피하려 '도 드나' 건배 올린다 버터 바른 빵에 상어알 얹어 안주로 먹는다 러시아식 피클 하나면 최상의 만찬 오늘 밤 빙판 위 요정의 몸짓으로 눕더라도 취하리라 달리의 늘어지는 시간 신탁의 밤에 빠져들자 나흘 밤낮 천국과 지옥 오르내리는 부지런 떨다 살 태우는 바이칼 호수의 저녁노을 속으로 비켜 지나갔다

장례행렬

얼어붙어 주름진 얼굴 다림질할 수 있을까 한숨 짓는다
한낮이라도 태양이 숨어버리면 술 굶주린 낮이다
수수께끼 같은 속살거림 들린다
-넌 누굴 사랑하지, 술인가
-천 일 밤낮 내리는 눈을 사랑해, 내 눈물 녹이는 저 눈

크로아티아 해바라기에 대한 기억

계절은 겨울에서 여름으로 플래시백 되고
수성못가 빈센트 레스토랑에서
접시 위 해바라기 씨앗들이
나노 빛으로 쏟아내는 알몸의 전쟁 수다 듣는다
LP판의 핸리 만치니 연주
풍자적 몸짓으로 영화 속 지오반나의 인생 토로한다

미발의 여인
태양의 변덕 속으로 폴짝, 들어가
눈물의 싹 뿌리며 크로아티아 해바라기밭 헤맨다

그녀는 전몰 병사들의 합동 묘지로
긴 비목에 쓰여진 명단을 더듬으면서
남편의 무덤이나마 확인하려 하지만
끝내 발견하지 못한다

지오반나는
철모를 면전에서 보며
걷고 있는 페니스에 중절모를 씌워 놓았구나, 생각한다
우크라이나的 가장행렬이다
크로아티아 해바라기밭에서 천연비료로 삶을 바꾼
햇볕에 중독된 얼굴들

전쟁 삭도의 기사들이다
우크라이나 전선에서 들려오는
충양돌기에 걸린 50만 병사들의 진혼곡
해바라기 씨앗은
응고된 피의 냄새, 피의 신경절 자극이다

이탈리아에서 러시아까지
넌센스 울부짖음 촘촘, 박히는 해바라기
첩첩의 씨앗길 찾아와
남편을 보는 순간
기미 낀 장갑으로 눈물 훌쩍 닦으며
피앙세의 족보 들고 기차에 올랐다

햇볕 보는 것이 싫증나는 시간
기억을 되감는다
지오반나의 눈물이 묻어나는 저녁

* 본고 중 이탤릭체 부분은 소설『해바라기(I Girasoli)』에서 인용.

아르정탱 안을 습관적으로 엿보다

1

골목의 연탄 냄새 부풀어 어스름 빛으로 울적한 저녁
길바닥의 검푸른 이끼 엄지손톱 半 크기 달빛에 물들었다
아르정탱*에 맨발로 들어가 자주 꾸는 꿈 벗어두고 나왔다

2

예전에 방앗간이었다는 전설이 있다
아,르,정,탱, 불러보는데 벽 타고 물소리 흘러내린다
남자들의 이야기 소리 쉼 없는 시간의 흐름에 묻혀졌다
무대 뒤쪽 갤러리의 프리다 칼로는
디에고 리베라의 The Flower Vendor를
힐끔, 끌어당기고 있었다
사계절의 호흡이 울다 지쳤나보다

3

나무로 된 제단은 사라지고 없었지만
높지 않은 천장과 벽을 지나 기억字 다락방에 들어갔다
먼지 깔린 마루 위 다락방의 미친 여자가 눈꺼풀 깜빡인다
습기 묻어 닳은 웃음, 나무 계단을 미친 듯 닦고 있다

4

하루 종일 굶었다

마티니 목구멍으로 넘어가는 소리에 은그릇 딸꾹질 한다
이슬 맺힌 잎사귀 후려치듯 벽난로 기둥이 제라늄 훔쳐본다

5
미친 여자의 하이힐처럼 똑딱대는 자정 무렵
도둑맞은 시간에 걸어오는 연인에 대해 이야기 합니다
연인을 능욕한 권태는 머리카락 끝에 달라붙어 있었다
손도 닿기 전에 시들기 시작하는 허브잎
그날은 불안을 잠식하는 비를 맞고 집으로 돌아왔다
의심은 달착지근한 냄새로 붙어 있었다

6
시詩를 생각하다
생선 눈알처럼 달구어진 자음 꾹꾹 밀어 넣어 반죽한다
슬픔 뚝뚝 떠내어 대리만족 수제비를 굽는다
기호를 품지 않은 날말 대리만족을 모른다
-세상의 조롱거리 내 몫이 아니지

7
물안개 추파처럼 까무러치는 호수 주변을 손잡고 뛰었다
파르테논 신전 앞에서 사랑을 고백하겠다던 맹세는
황사 속으로 미끄러져 들어갔다

갑자기 입술의 냄새는 서걱거리는 먼지처럼 까칠해졌다
사나흘 내린 비 끝에 다시 아르정탱에 갔다
본능의 능숙함으로 당신의 입술을 더듬거렸다
당신의 입술은 나의 미각만을 기억할 뿐
두 시 방향으로 기운 햇살의 온화함이 묻어 있다

8
주인장에게 말한다
오늘은 Famous Blue Raincoat**를 들을 수 있겠소
New York is cold, New York is cold
내 인생이 파편으로 취급당하고 싶지 않아서 그렇지요
약하게 슬어지는 음조, 불구가 된 기억에는 없다
건너 편 테이블의 핑크재킷과 홍차 사이에는
말해야 하는 것이 있음에도 말할 수 없는 어색함 감돌았다
성스러운 스푼이 빛바랜 비단옷 차림으로 춤추고 있다

9
그날은
교리의 꽃봉오리에 충실한 교회 사람들
마음씨 좋은 청춘들 빈틈없이 가득 차 있었다
매끈한 조약돌 하나 주머니에 넣고 땀이 나도록 문질러
손이 헤지 않을 그런 신부와 결혼식이 있을 예정입니다

각별한 의식
주인장이 봄소식 하나 던져 준 날이다

10
오늘은
소박한 음악 연주회가 있는 날이다
콘트라베이스를 든 남자의 팔뚝이 남성성 과시하고 있어요
첼로의 숨결소리는 매일 밤 떠오르는 해가 되었다
제발 카스트라토를 죽이지 마세요
수족관의 주홍빛 물고기들
살아, 살아 외침을 거듭하고 있다
함께 살고 싶어 안달하는 소년 소녀를 위로해줘요
무조건적인 달 높이 떠올라
호수는 물안개의 소름으로 노닥거리고 있다
(손끝의 빗방울 분열증 낚아챌 때 정신과적 치료 필요해)

11
남자 둘 여자 하나
쭈그린 술친구들이다
한 사람의 맹세가 나뭇가지 위 잔설에 반짝이고 있어요
술 그리고 여름날의 여자만 저울질하겠다 말했지요
맥주의 쓴맛을 혀 위에 굴리며 곁눈질로 농담을 엿듣는다

혼자 잠드는 침대처럼 사는 게 아쉽다고 느껴질 때면
Bevinda의 '다시 스무살이 된다면' 노래가 떠올랐어요

12
장미빛 인생을 닮지 않은
장미 입술에 입맞춤 한다고 장미가 웃겠어요
오히려 우리가 울었지요
그대 떠날 때 그림자 드리워진 초상화 드릴께요
호수 저편 트라이엄프 아파트의 커튼 방향 없이 나부낀다
부재의 냄새 비온 후의 버섯이 되었다

13
서리 내리는 차가운 11월
골목길 빠져나오는데
검은 상복 벗어던지지 못한 숙녀의 얼굴
빤히 쳐다보는 여름날의 구름은 못내 불편하다
잘못 보낸 시간의 보복을 염려하고 있는가
구름의 맥박은 더 이상 고동치지 않았다

14
밤이면 내 꿈을 흔들어 놓던 그대는
홀린 듯 둥근 가방을 열고 감추어둔 햇빛 쏟아 부었다

숨쉬기 운동에는 적당한 햇빛이 필요해

15
큐피드의 화살 맞고서
미처 빠져 나오지 못한 경절형 심장이
베네딕트 여자 봉쇄 수도원 55m 종루에 사로잡혀
길게 하품하더니 졸음을 재촉하고 있다
다트 화살은 한 방울 피도 남기지 않고 쏟아내는구나

16
빵 굽는 냄새 속
기억은 회초리 맞은 정에 사로잡혀
한낮의 깊은 그림자 소진해 버렸다
걸어 두어 목이 잘린 꿈 외투 걸치듯 입고 나왔다

* 대구 수성구 파동 664번지에 있는 카페.
** Leonard Cohen의 노래.

Blossoming Almond Tree

꿀벌이 들었다 닫혀버린 꽃의 입술을 수繡 놓는다
숨쉬는 꽃가지, 하- 흐- 뛰고 춤추다
비틀린다
봄빛에 살풋 잠들어 꿈꾸듯 깨어있는 척
엿듣는다
비단 삼겹 속곳치마 입고 나뭇가지 위에 앉은 두 여자
생식의 꿀 바르고 연미복 차려입은 신랑 곁에 선다
품었다 밀쳤다 조롱하다
봄볕 아래 일광욕이나 즐기자 꼬드긴다
뻔뻔스레 떠들며 애매모호한 말로 밥먹는 Equivocator
짜놓은 행주처럼 쪼그라든 여자의 풀죽은 손톱 끝에도
매뉴큐어 칠한다
만월에 모은 흰 서리 마시고 활짝 웃고 있는
소름돋는
팜므파탈

불면에 시달린 고흐,
노름꾼의 손놀림으로 만곡 돌면서
캔버스에 입 맞추듯 쪽- 쪽- 두뇌의 꽃 아로새긴다
활짝 핀 아몬드 나무*
21세기 잠든 테크파탈의 미소로 태어난다

* 빈센트 반 고흐 作 'Blossoming Almond Tree'가 그려진 아트쿨 제품.
'테크 파탈tech fatale'이란 기술을 의미하는 '테크tech'와 영향력이 높은 여성을 뜻하는 '팜므파탈femme fatale'을 합친 말로, 새로운 IT 제품에 관심을 갖고 적극적으로 사려는 여성 소비자를 일컫는 말이다.

탱고와 파타고니아

— 영화 "고래와 창녀"에 대한 愛想

1

사창가 선술집에 진홍빛 밤이 들면
담배연기 불빛 속에서 돈의 입 틀어막는다
로라의 전구-탱고
석류빛으로 흐느적, 비릿한 내음 밟는다
발보다 귀를 애태우는 오블리비언을 멈출 수 없다
그것은
불꽃과 불
살과 피
술병과 코르크 마개와의 관계맺기
육체는 팔지만 춤으로 혼을 꽃피우는 중
상사병에 걸린 초애절, 그 복사본이다

2

아르헨티나의 반도네온
파타고니아의 피요르드와 빙하를 접었다가는
양떼를 몰아가는 구름의 아랫도리 희롱하듯
지금 막
평원의 와이드 화면 펼친다
1 : 2.5의 시네마스코프는
해지기 반시간 전
태양에 몸을 기댄 고래의 등껍질 위에서

가라앉거나 헤엄치거나
지층을 습윤하는 블루 품었다 펼친다
고래의 입에서 내뿜는 로라의 부박한 숨소리
양치기와 함께 눈꺼풀에 꽃물이 지워진 채 화석처럼 잠든다

바다 금긋기 놀이

— 심각한 돈 이야기

돈이 마법이라는 베개를 끼고 잠든다
물 위의 발자국 지우는 도박꾼이 바닷물 훔친 꿈을 꾼다

이틀 전 아내가 사라졌다
TV 아나운서가 실종된 그녀 이름을 어떻게 발음했나
우체부 게으름 묻은 손으로 수취인 불명의 편지를 배달한다
사라진 그의 지갑을 수소문해 달라는 부탁과 함께

구겨진 햇살, 의자에서 일어나 돈 돈 돈 하다가
돌아버린 여자의 주검을 따라간다

신발 벗어두고 파도 위에서 땅따먹기 연습한다

목구멍 마르고 입술 타서 하는 말
-고마워라, 넌 정확한 계산법을 아는구나
부스럭거리는 종이돈에 눈총 빼앗긴 건 놀이가 아니야
-지루해 지루해
바다에서는 태양의 늑골을 죽일 수 없어
바다를 자尺로 그어 서로의 소유 확인한다

주머니 속
은전 한 닢 만지작거리다

땀이 바이러스처럼 번져나가는 불쾌감에
잿빛 노을 위로 휙 던져버리기 전
광고 문구 수평선에 엎어진다

당신이 사는 곳이 당신이 누구인지 말해줍니다

파도타기 끝내고 내일은 적도에 양귀비꽃 심어요

우울증 환자의 얼굴

어떻게 한낮의 우울한 입김 느낄 수 있었을까 또 하나의 인연 만들기 위해 근육질 마당에 목련나무 이식했다 잎새달 달빛의 꼬드김에 피는 꽃이라 잎보다 꽃이 먼저 피었다 오므려진 바람에 수밀도의 젖가슴, 시간의 흰 입술은 신부의 가슴을 탐했다 비인칭의 시계는 넋 빠진 얼굴 훔쳐 달아났다 사랑 접촉으로 시들듯 바람으로 툭, 부딪치는 낌새 눈치 채기 전 잠든 꽃 되었다 이제 막 비에 젖어 아찔한 낯바닥 늙을 시간조차 없었나 밤의 적막과 한낮의 소란이 엉킨, 허공을 바라보던 봄비의 입맞춤

차갑고 희미한 맥박이 어둠 속의 눈雪처럼 사그락

기억 이전의 레이디 쥴리 잠들었다는 뉴스 들려온다 봄볕에 우울증 환자 빗방울처럼 혼자 떨어진다

이 봄 새로 태어나 재잘거리는 악처

능소화 울었다

진홍빛 눈부신 소리 지르고 있다
생애 단 한 번의 사랑
영혼의 속살 태우는 비명
날 봐 주세요
하늘 오르는 걸음걸이
담장 너머 제 그림자 감아올리는
속도보다 더 뜨겁다
시간의 흙에 뿌리내린 구중궁궐의 꽃
하나임을 온몸으로 증언키 위해
미혹의 바람결로 고독 쌓는다
무심한 대낮의 오름
하늘의 속살 구름에 찔려 마침내 울음으로 번지면
눈 부셔 뜰 수 없는 저 기억의 핵

기다림은 저 꽃길과 같아
귀 활짝 열어놓는다
천 번의 사랑 기다리던 소화는
남지장사 청련암 이끼 낀 담장에 피꽃으로 번져
그 꽃잎 떨어지는 순간보다 더 짧은 것이
인생이라 한다

Gloomy Sunday

접대용 멘트가 지겨운 아침

매일 먹는 푸딩 대신 혀끝에 시든 와인 다섯 잔 마신다 미친 년의 고함소리에 이끌려 익명의 휴가 떠난다 사방에 퍼져 있는 햇빛의 질긴 전조 오늘은 바라보지 않는다 잃을 것이 없는 세상은 태양의 이마에 반항하듯 헐떡인다 시간의 낫에 집어 삼켜져 햇살의 만灣에 던져져도 부끄러워 할 일 아니다

-랭보는 지옥에서 한 철 보내고 있겠지
-차일드 해롤드는 스페인의 여인을 희롱하고 있겠지

에덴동산에서 지금 막 Everyman의 배역 끝내고 내려오는 배우에게 영예로운 눈물 한 사발 바칠 관객들 기다린다

무대 위에서 웃는 배우에게 울고, 웃는 인물에게 잘 웃어

무대 위 탁자의 코르크나무 껍질로 된 호리병
멜크 수도원에서 가지고 온 일기장도 우리를 조롱하지
생에 대한 포만감은 여름 먼지처럼 숨결처럼 가볍다

善이여, 나의 惡이 되어라

오늘로 내 나이는 서른아홉 살
영자신문에 싼 장미는 가져오지 마세요

현대사 전당포의 비밀

21세기 전당포는 만원이다
Good Old Days를 향유 하시겠습니까

낯선 사기꾼의 이태리제 선글라스

성형수술한 뮤지컬 배우의 루이뷔똥 가방

마음 떠난 약혼자의 스위스제 카르티에

낡은 정치가의 홍보석 박힌 도자기

거식증 여배우의 세공유리병에 담겨 있는 향수

헤어진 허즈의 결혼반지

연적들을 물리쳐야하는 금사발

한 해 한 번 무도회에서 걸쳤던 사치부인의 밍크코트

바람난 아내를 후려친 골프채

남장한 바람둥이 비너스의 마블 조각상

>

젊음이 흘러간 곳을 바라보며 하품하는 시선
전당포 창살에 갇혀
먹고 살기 힘들었던 시대의 멜랑콜리를 비웃는다

햇빛, 바람, 오디를 위한 聯

유월의 마음으로 누에박물관에서 쉿
귀 기울인다

햇빛이 혀와 입을 놀릴 때 검은빛 익는다
천 명의 아이 잉태할 다산의 色
햇살 달라붙은 오디
한 움큼 따 입에 넣는다
태양의 식욕이다
생채기 한 금 내지 않은 알몸 그대로
혓바닥 감아올리며 에로스의 에너지 삼킨다

어린가지 잎 겨드랑이에 솟은 꽃이삭
바람의 입김이 닿아 뽕잎의 콧구멍 커진다
뽕잎사귀 맥을 자르니 흘러나오는 즙
바람의 혼잣말 "어쩐담"
뽕잎에 입맞춤 하는 게 본업은 아닐진대
바람의 성욕이다
상백피 벗겨보니
물오르는 바람의 입맛이 손 발 오므린 채 누워있다

산밭의 흙 햇볕을 배불리 마셨을 때
바람의 섬유질 속을 달려 온 땡볕나무

상심자 꽃핀 휘파람 불더니
땅의 배꼽 베고 누운
햇볕과 바람의 쉼
눈 깜빡임의 한낮이 지난 안식일이다

매달린 남자

어제의 타로에서 역방향의 매달린 남자가 지나갔다
-녹슨 시계 줄 신세의 언어 채식주의자

한 발짝 나선 발걸음이 꽃의 광선에 다가갔다
-입 맞춘 자리에 한낮의 낮달이 지나갔다

초록 뮤즈에게 숨결을 불어넣은 호사
-은유를 다루는 그의 혀는 불꽃의 점화자 같았다

창백한 성소녀의 입술은
-Frightening, Frightening, Frightening 외치고 잠들었다

결정의 존재는
-I'm afraid, I'm afraid, I'm afraid 외치고 숨었다

이성의 움직임, 자율의 목소리 또한 늦게 피는구나
-말라버린 입맞춤, 이 모독의 조롱, 이 소란한 세상을

안달하거나 발버둥치지 말고 달려라 양羊은 달려야 산다
-이제는 저녁 아침 오후 순서로 타로점 볼 시간이다

꿈속에 갈릴레오 갈릴레이가 나타나 이렇게 말했다
-당신의 명예를 봉인하시오

윌리엄 셰익스피어와 나누었던 역설의 대화

1. "오셀로의 사랑은……"

귀먹고 눈먼 것이 사랑이라
뱀 같고, 쥐 같고, 여우같은 이아고의 혀끝에서 춤추는
지독한 패러독스

데스데모나
"죽이고 사랑하리라"*

오셀로의 사랑은
악의 옆구리에서 검은 피 흘렸다

* 『오셀로』 5막 2장.

2. "리어왕의 삶은……"

시퍼렇게 추운 섣달 그믐밤
당신에게 불알 넣을 바지는 있는가
-Nothing

아침에 길들여진 귀
오만과 독선을 돌아 볼 마음의 눈 있는가
-Nothing, Nothing

사랑, 사랑 어디에 있는지 말해보라 하면
-Nothing, Nothing, Nothing

헛된 것을 묻는 리어
얻어 입은 옷을 벗어버리니
때 늦은 인생에 때 늦게 피는 알몸꽃

3. 딜레마에 빠진 캐리커쳐

이기적인 의로운 정직한 냉소적인 충직한 순진한 회의적인 착실한 너그러운 위선적인 비굴한 순종하는 나약한 무정한 우울한 믿음직한 배반하는

슬픈 운명이여, 당신의 손에는 거울이 있나요

셰익스피어의 오른 손바닥에 놓인 곤혹스러운 해골

(손바닥을 보여줄까, 다시 손등을 보여줄까)

To be, or not to be

(손등을 보여줄까, 다시 손바닥을 보여줄까)

무기력, 지적 우울 者의 자기변명

복수의 맛은 완벽하지 않아

복수의 맛은 까다로워

복수의 지연은

>

반투명한 피에 섞인 에피메테우스적 기질 탓인가

이것이 처음 만나는 햄릿의 모습이다

4. 겉과 속

버릇없는 새끼의 지독한 역설, 들어 보겠는가

내 속은 겉과 달라

이아고의 혓바닥에 걸려들면 말장난이 이빨 드러낸다

진실은 반쯤 벗은 채로 춤을 추는 법

속이고 허둥대는 질투와 복수

겉의 속에서

처음으로 자라고 있던 악의 씨앗

땅 어느 곳에 뿌리 내리지 않은 것이 없어

눈과 귀를 잃게 하는 아름답지 못한 거짓

겉과 속을 뒤집어라

선의 씨앗이 보인다

2부

Fish Monger

— 장자연의 이름이 기억되기를 소망한다

생선장수*에게 땀 흘리는 밤고양이 맡긴다
눈을 황홀케 하는 마법 풀리기 전
헉- 집어 삼킨다

불타는 혀 묶어
홀딱 반해 스토킹하는 살찐 숫말에게 던진다
단것 신것 구분 못하고 포식하여 소화불량에 걸린다

손에 들린 비릿한 과자를 탐하는 싸움에 승자는 없다

아부하며 지껄여대는 생선장수의 살찐 목 꼬집는다
신경 찌르고 구역질 흐를 때
꼬부라진 발과 머리 맞붙는다

덩굴풀 가시에 찔려
밤고양이 배때기 살풋 열어 놓으니
늦봄의 파리떼들 좋아라 기절하더라

불면증에 시달려 어지름증 걸린 밤고양이
-내가 지금 어디 있는 거지
밤고양이 아이덴티티
세상의 입김 아래 숨는다

>

생선장수
내일 그대는 누구의 눈빛을 찾는가

* Fish Monger(생선장수) : 뚜쟁이를 일컫는 말.

박제된 꽃잎들

1. 암흑에 갇힌 꽃잎들

안개 미끄러져 가로등 껴안아 버린 새벽이다
한 사내가 멜포메네의 가면을 던져주고 걸어간다
어젯밤
총각, 그만 들어와서 쉬다가지 그래
한 평 쪽마루의 삐끼아줌마에게 팔목이 잡힌 사내다

거짓의 취향이 오므린 목련의 입술을 벗긴다
자유를 의심케 하는 순간, 거친 숨소리는 방향을 잃는다
부정한 세상에 스스로 지키지 못한 네 아랫배
새장 안의 새가 되어 퍼덕인다
심장을 칼질하는 욕정이 창문을 통해 미끄러져 나간다

그 새, 눈물 떨구는 소리 들어보셨나요

처녀막 찢어지는 소리
어둠 속에서 고양이 죽이는 호기심이다
해독불능의 언어 앞에
차가운 음률만이 빗나간 입술 사이 맴돈다
마른 풀잎 돋아나고 벌레들 집짓기 시작한다

>

5층 균열의 콘크리트 지붕 위로
한올 한올 쌓이는 햇살, 말려놓은 수건을 표백하고 있다
(시들다 소생하는 어떤 꽃의 몽유가 저러할까)

2. 엄숙한 노동의 꽃잎들

권태로운 낯짝들이
은밀한 송사를 위해 몰려드는 밤
"나를 세 놓아요 나를 세 놓아요"
생사 금 긋기 놀이마냥 경쾌한 발놀림으로
꽃잎들이 연애와 노동을 부르짖고 있다

스타카토로 주파수 하나 내려놓을 뿐
연인을 가장하여 익숙한 손님이 되어간다
밑줄 그은 몸뚱어리 위에
식칼로 다룰 수 없는 도덕이 종종걸음 치고 있다
금이 간 육신은 비겁해서 항복을 모른다

공복에 취해 사지 쭉 뻗고 엎드린
식욕 잃은 장미꽃잎에 해충이 드나들던 시절이었다
꽃잎의 가랑이 사이를 바스락거리는 관음증환자, 너
소금에 절인 몸뚱어리를 세놓는 세월

못된 취향은 자갈마당에서 밤처럼 빠르게 움직인다

시자是者들은 종이조각 잘라 부풀리듯 돈을 쓰고
비자非者들은 우물물 퍼 올리듯 구걸하고 있다

깨진 얼음 사방으로 튀기던 날
시간은 발이 시려 벽마다 귀 숨겨놓았고
육체의 손님은 가로 세로 없이 흔들리는 방 안에서
해골 부딪는 소리 감시하는 진홍빛 전구처럼 가난하다
장미꽃잎들 굶주려 얼어붙은 땅에서 파도처럼 울고 있다

3. 해 돋는 곳에 사는 꽃잎들

젖은 태양이 느린 걸음으로 안개 몰아내는 아침
상한 장미 꽃잎 벽지에 얼룩 남기고 떨어진다
오십 년 동안 맨발로 걸어 다닌 자갈아래 조등 내걸렸다
이승과 저승의 시침 사이 얼음수의 입고 꽃상여 지나간다

자갈밭 위 넘나들던 햇살은 중풍이라도 걸린 듯
떠들썩한 북새통에 합류하고자 한다
분위기 깨는 슬픔이 기억의 바다를 돌로 치고 있다
열여섯 해의 여름 열기는 뿌리 깊어

열일곱 해 겨울바람의 선율에 날려 보내지 못하고

채 피기 전에 고약한 벌레에게 뜯어 먹힌 꽃잎들

빛바랜 의자 위로 하얗게 솟은 태양은
새해 아침을 기다려주지 않는다
열여섯 아이 손금에 내일의 운명은 점쳐지지 않고
소경이 점지해준 신년운수에 읽혀지지 않는다

면도날 모티프

벗은 몸으로 거울 앞에 선다
힘센 남자일수록 날 선 면도날을 가지고 있어야 한다
아침 여섯시 정각
초침같은 비, 욕실의 이중 창문을 두드린다
졸린 눈 뜨고 면도를 한다
간밤의 술자리에서 주고받았던 가십 찌든 때를 벗겨야 해
Shape of my Heart 음역 누비며 흥얼흥얼 페니스 볼륨 높여
숙취 채 가시지 않은 얼굴 위로
면도날 비스듬히 눕혀 하얀 살결 감싼다
오컴의 면도날* 놀이
거품붓으로 거울 앞에 선 나르시즘 채색한다
후각이 자극돼 일찌감치 얇아진다
0.1mm의 密着
손끝에 눌린 심장 고동 일순간 멎더니 되감긴다
사각
바스락
떨림
검은 살잎들 바닥으로 떨어진다

겁나지 않아 혈관에서 뿜어져 나오는 피맛을 보고 말겠어

비릿한 습기, 거울에 혀 문지르더니 후끈 달아오른다

아내의 거품 문 잠꼬대 욕실문 밀치고 거울 앞에 선다
풀 죽어 오그라든 아랫도리의 검은 살잎 마주한다
-가엾은 것, 아내의 비웃음

면도날 위로 몰래 올라타려 신경과민에 걸린 신혼부부
농익은 살갗에 금긋기 놀이중이다
익숙한 어지럼증 뒤에
분명한건
턱에 난 흉터뿐

* 오컴의 면도날Occam's Razor은 '경제성의 원리'라고도 한다.

카운슬러 페르소나

카운슬링이란
반라의 자세로 앉아 오렌지 향수에 콧구멍 처박고
고양이 꼬리 흔들듯 우울증환자의 엉덩이 춤추게 하는 것

어린 나무에게 휴식을 주는
리터머스 시험지로 독이 든 치료약을 손바닥에 문지르고
수리 수리 마수리 연기 피워 올리며 주문을 외운다

논 삐앙게레*
논 삐앙게레
논 삐앙게레

우스워서 눈물 나는 노래

페이소스의 문신이 박힌
혹, 푸른 최음제 빛의 문양은 어디로
어린 꿈을 말랑말랑하게 회유하는 댓가로
그녀 발톱에는 장미향으로 치장한 궁전 하나 생긴다

읍소하는 침묵이 아니면
팔찌 흔들며 관습에 이끌려 씨앗의 싹을 수놓는
네 혀를 묶어라

* 수전 손택의 "논 삐앙게레Non Pianggere, 울지마!"

데자뷰

플라타너스 나뭇잎 위로 시린 달빛 내려깔리다
셔터문 내린 채 열릴 줄 모르던 대구역 지하도
헌책방에 하현달 찾아들다
은전 한 닢처럼

첫사랑 닭장차에 실려 가면서 눈웃음
일백 번도 더 읽었을 보들레르
짧은 시간 탐독하던 나를
누렇게 닳은 잉크의 세월 스며든 냄새가
백 년도 더 오래전으로 이끌다
늘 걷던 길 공복에 시베리아산 위스키 마신 듯
어질머리 하고선

빛이 어리다 깜박이다 지워질 듯 그의 엄지손가락 지문이
色을 내다
정다운 사람, 당신의 미끈한 팔이 내 팔에 기대었다*
나는 깨어났고 고백은 무늬 없는 습자지처럼 얇아졌다

일몰보다 不美의 새벽녘을 더 좋아했을 보들레르
그는 특별한 친구를 위한 이름이다

* 보들레르C. Baudelaire의 시 「고백」 부분.

詩人, 버뮤다 삼각지대에서 놀기

신년, 조간신문의 종잇장 위에 대붓으로 떨군다:
–동시대는 미래파 그러므로 실패, 우리에게 보여주오

자색의 밤바다
야맹증 물고기 시체들이 포복절도 하는 곳으로 간다
돋보기로 Surfing the Internet 활자에 입 맞춘다
맨대가리로 달려들어 물마루 삼키는 수탉들
칼 빼어 들고 가파른 물 위로 굽이친다

내일은 커피와 호흡으로 어릿광대 놀음 구경하세요

물고기들 혀 날름 빼물고 키 재는 양피지 위
기호를 포식하는 외래종 얼간이 눈알 삼각자로 잰다
끝을 당기는 모서리 안에서
퍼즐 맞추듯 타작하는 곡식알의 비명 소리

밀물 썰물 흔든 달의 주목 끌지 못한 채 고함치는, 혹독한

조롱과 말놀이는
폭풍우 만나기 전
여름날 기승부리듯 다이빙 한다
눈꺼풀에 꽃즙 발린 물고기 혼자 놀기의 진수를 보여주지

>

빗장 걸린 뿔대문을 때려 부술테야

삼각지로 흘려들 때 요염하게 앉아봐
까마귀좌 피해 뒤에서 밀어 드릴께요
꼬리 물고 퐁당, 풍덩
새끼발가락 끌어당기지 않아도 이미 블랙홀이다

물고기 살결 뜯어먹기인가, 수락한다

거식증 환자의 바다에 줄서서 명함만 뿌리는 물고기들
詩의 상간녀들
화이트홀의 맨대가리 잡고 놀고 있다
카르페 디엠의 운세는 신문 지면에서 캘리그래피로 눕는다

억겁의 기시점에서 혼쭐이 난 일침

밸리댄스 소녀

난 알게 되었다
마네킹 미소는 누구나 가질 수 없다는 것

도회의 소녀, 자신의 몸에 직선은 키우지 않는다 X-Ray에 노출되는 척주 뼈조차 말이다 화려한 옷, 굵고 피 흘리며 어둠 속에 남겨진 몸짓 기억나지 않는다 태양의 옆구리 들이받듯 엉덩이 괄약근 좁혀 힙을 올려봐 풀잎 위에 떨어지는 이슬방울의 부드러움으로 네 몸을 길들여봐 음악을 기억하려면 칵테일 키스오브화이어로 배꼽을 긴장시켜봐 청옥빛 배꼽 장식 달고 허리는 로즈마리의 어린 줄기처럼 감각으로만 움직여봐

그녀의 머리 스무 번 흔들릴 때 배꼽의 일곱 색깔 무지개 손에 잡혀요 이제 마지막 숨을 고르고 영원한 안식을 얻을 시험 통과했나요 소녀는 큐피트를 눈으로 보지 않고 배꼽으로만 보는 습관에 젖어있다 맨발로 밟는 어머니의 땅, 다산을 기원하는 카타르시스 손짓으로 카메라 셔터 눌러대는 남자들 이스탄불, 이스탄불에서 누릴 수 있는 부귀영화를 준다 해도 오리엔탈의 태양이 굽어다 보는 곳으로 함께 가라 하여도 너의 정신은 옴파로스에 두어라

트라우마의 아이들

입에 물린 재갈 풀고 페도필리아 그늘 벗어난 아이들
봄의 통증에 취해 기억상실증 걸린듯 졸고 있다

도둑맞은
성적자기결정권
영혼에 금이 가 버린
마비
가슴의 솔기를 짓누르는 천 개의
수치羞恥

봄의 발끝이 잘려나간 자리에 앉아
울었다

성폭력 피해 여섯 아이들의 눈물에 베인 상처
참꽃 비린내처럼 번졌다

섬들의 일일극

인어가 그리운 K氏

은빛 생선 다듬어 쌍둥이 철판에 굽는다
푸른 싹 도려내 삶은 감자 네 조각 접시에 담는다
반짝, 장난기 묻은 올리브유 드레싱 뿌려 아침 먹는다
풀 먹인 셔츠 입고 내부수리중인 등대로 출근하는 사내

수요일에는 직계가족에게 안부 전화한다
생일 선물로 쥴리 런던의 CD* 받았다는 소식과
어제 산 손목시계의 가격 알려주는 것이 전부다
고양이 내달리는 골목길에서 시계를 본 것이 기억나는군

퇴근 후 섬으로 돌아온 K氏
별빛 고음과 저음 조율하는 시간에 담배와 우유 사러간다
팔베개 해줄 애완용 고양이에게는 우유가 최고지
담배 연기 속으로 인어의 비릿한 살냄새가 떠오른다

잠수하듯 잠재된 에너지 6의 방향으로 잠들 때
자식을 다섯 낳은 K의 父, 고해 들린다
모든 여자와 자면서 말을 하든지
한 여자와 살면서 아무 말도 안 하든지

>

점등부의 아내 Y氏

축 처진 엉덩이 치켜 올리며 하품하듯 깨어난다
입안이 깔깔하여 생수 한 사발
살짝 데친 브로콜리와 커피 한 잔이 아침식사다
어디 보자, 아침 이슬 먹어 방울토마토 1cm 자랐나
생생한 노래 입가에 걸치고 바다를 건너 일터로 향한다

하루 종일 싸게 사서 비싸게 파는 상술 익히느라
발가락 퉁퉁 붓는 것도 잊었다
향나무 재떨이에 담긴 재災, 입김으로 문지른다
땀냄새 부풀린 잔돈은 스타킹에 집어 넣고 섬으로 돌아온다

파도에 긁힌 현관문 앞에 선 이브
문고리에 남겨진 K씨의 지문에 자신의 지문 덧칠한다
발 끝 세우고 문지방 넘기까지 호흡 가다듬는다
아담과 물고기들의 잠든 눈자위 바라본지 일 년이 넘었다
달변의 기도 올린 후 고상한 9의 체위로 잠든다
이브 어머니의 하비투스적 목소리 들린다
결혼생활 하루 24시간 상속으로 물려받은 것

혈액형B의 Y

우린 등대를 가진 섬이죠 투정하듯 물으며 학교로 향한다
오전 시간 'l'과 'r' 발음 팥죽땀 흘리며 반복하다
원어민 강사에게 연습한 예문을 메아리로 들려준다
Would you like some more lice?

오후 시간에는 성평등 힘겨루기 리더십 배우고
Seize the Day 영화를 본다
장미 꽃다발 들고 있는 문 밖의 남자들에게
여름별이 붐비는 오후를 기다리라 당부한다

섬으로 돌아오는 길
야한 옷차림은 성희롱을 유발해
주의인지 관심인지 경고 두 번 들으며
정보의 바다 인터넷에서 잠수한다

혈액형A의 J
물고기자리의 주파수 낚지 못하는 시기
까칠한 소용돌이 잠재우지 못해
식탁 위에 놓인 유리잔 접시 우유병 숟가락 밥사발
흔들고 싶은 대로 자리바꿈 거듭한다

이웃의 타자他者를 야구선수 타자로 부르던 소년

말수, 말줄임표처럼 점점 생략되어간다
납작한 조약돌로 물수제비뜨기 하며 놀던 시절이다

열 길 깊은 바다에서 속살거리는 섬들은
여드름투성이 소년이
밧줄 풀린 조각배 타고 길 잃어도 관심두지 않는다

불편한 새벽 마른 공기로 둘러싸인 섬, 넷
정박당한 채 머리 들지 못하는 섬들

다독이지 못한 섬 넷의 동공이 거기 누워있다

* Julie London의 노래 Am I Blue.

태양에게 덤비는 암탉들

1
눈썹 검은 점쟁이 시녀의 마술 장난으로
백설공주 천년의 半 잠들었다 깨어난 지 삼 분 지났다
삼같은 머리채 아들 손자 증손자들이 잡아 당겼다하네
두 눈은 히잡으로 가린 채
두 발은 중국산 붉은 비단 발싸개로 싸여
호두나무 찬장에서 꺼낸 책을 읽고 있었어요

2
유장으로 묽은 피 먹인 아기 안고
세 번째 암탉 울음소리에 깨어난 계란을 팔았다네
굽 높은 구두 신고 피의 바다 장터 한가운데서
숨 넘어 갈 듯 먼지쓸고 다니며 무릎춤 추었다네
사랑하는 아들 딸
울지 말고 1/4 사과파이를 먹어요
살과 피 같은 나의 자식들
눈물 속에서 자라나 촛불 밝히는 알파걸 되었네
-엄마, 이런 꼬락서니 언제까지 하고 있을 거야
-엄마, 글로벌 신문광고의 충직한 개 한 마리 갖고 싶어요

3
싱글맘

은젓가락 두들기며 눈 깜짝할 새 술잔 돌린다
사주팔자 고칠 날 올 때까지 비워 보자구요
술잔이 탁자 위를 둥둥 떠다닌다
꿀술 한 잔 마시고 취한 숨결에
다 해진 저고리 벗어 던진다
창자 마디마디 끊어지는 근심으로 우리를 먹여 살렸다지
주머니에 땡전 한 푼 없어도 넋두리가 자랑이다

4
유리구슬 형형색색으로 뒤집힌 유리천장
하품하는 관 열어젖히고 잿빛 날개 버터플라이즈
발뒤꿈치 부딪치며 유리천장 뚫고 하늘의 입 속 날아올라요
방해하는 구름 한 갈래 혀로 꾸짖어 날려버려요
산 · 산 · 조 · 각
삼천 번 머리 찧는 한이 있어도
시간의 등에 올라타고 달려가요

뭘 꾸물거려 이 한심한 것

세상으로 나가요
1/2 네 몫을 찾으러
아빠 축복해 주세요

>

5

0.4%의 벽 허물고 입가에 흘리는 웃음
안녕, 좋은 아침이야

6

내일이면 스톡홀름에 있겠네

블루 컬러 소금꽃

해쓱한 이마에 열주의 회랑으로 늘어선 땀방울
암갈색 공기의 善한 꽃이었다
노동으로 환산되지 않는 감정노동의 소금꽃

먹고 살기 위해 훔친 열여섯 시간의 선행
어머니 예순 아홉 땀방울
하늘에서 홀로 빛나는 별처럼 아름다웠다

노동과 땀방울이 같은 고향에서 태어났다면
말랑말랑한 달이 뜨는
미풍의 해변에서 우리 만나자

낮보다 더 깊고 깊은 저물녘
오늘도 하늘에는 뾰족하고도
불편한 달이 뜬다

결혼과 전쟁의 발라드 하나

댄디 같은 옷차림으로 장난꾸러기 사랑 시작하였지
청담동 여름공원으로 데려갔네

네 몸을 빌려서 태어난 앨리스

혀 속의 애원과 고백을 번갈아 굴리다가
심장의 첫 번째 소리 강탈한다

내 몸을 복날의 개처럼 타작하던 농부

반구 같은 무대 위에서
구르기 코풀기 기침하기 안달하기 하품하기

큐피트의 줄당기기로 삼년 삼 개월을 함께 살다
박수치기가 쉽지 않아 보이던 때

결혼에 아이스크림만 있는 것이 아니야
판사의 말이 채 끝나기 전

오만원 더 얹어주세요
오늘은 양육비 청구 가사조정이 있는 날

>

이젠 은가루 뿌린 듯 반짝이는 접시는 없어요

인생의 신새벽에 라틴제 안녕을 고하고
태엽시계 이전의 The Thing으로 돌아간다

결혼과 전쟁의 발라드 둘

농부의 꿈과 돈 앨리스의 취미와 사랑
밸런스에 금이 갔어요

인스턴트 사랑에 세뇌당한 10년 전 약속은
전당포에 맡긴 금사발처럼 먼지투성이

아이들의 거세당한 목소리 말이 없어
양육비 물어달라 법정싸움으로 살갗이 다투는 전쟁

위자료 청구 금액 따라 금 은 동
사랑은 갈팡질팡 빛깔이 달라진다

한 발이 다른 발을 물끄러미 바라보는 사이
후~ 불은 솜털처럼 백년가약이 날아간다

양육비 전쟁으로 뼈골이 빠져나간 21세기 부부
액자 속의 먼지 묻은 화석으로 걸려있다

앨리스와 농부의 운세는 역방향의 연인카드로 마감한다
애인이 없다면 You Belong To Me*를 들려줄 것이다

* Jo Stafford의 노래.

결혼과 전쟁의 발라드 셋

사랑이 금사발에 담겨 있던 시절의 이야기
죽기 전에 가보고 싶은 리조트 풍경이다

가정법원 가사조정실 벽에 걸린 액자에는
약이 되는 싸움, 독이 되는 화해

싸움을 해서 좋은 것은 화해를 할 수 있다는 것
엘리스와 농부에게 화해를 조정한다

사랑이 한 번 맛보는 꿀처럼 감미롭다는
순수한 정의에 대한 꿈을 버렸습니다

농부는 엘리스의 혓바닥 아래의 피맛을
엘리스는 농부의 뼈마디 신경 자극을 기억한다

인생의 꽃다운 정점을 지난 결혼사진은
먼지 냄새처럼 늙어 보인다

반지의 주인이 더 이상 천사가 아닐 때
엘리스와 농부가 함께 오래 사는 것은 유품과 같다

같은 생, 다른 시간의 장밋빛 애수

*A Time to Love**가 들려오는 저녁이다

* Damita Jo의 노래.

결혼반지

신문 광고에서 놓쳐버린 표지와 인물을
벽보 또는 현수막을 통해 읽는다
-베트남 처녀 일 잘해요
와이셔츠 잘라 웨딩드레스 밑단에 프릴 달아 입혔어요
이마에는 접시꽃무늬 머리띠 두르게 하고
토끼풀 꽃대를 따 'O' 모양의 반지 만들어
물방울 다이어 대신 약지에 끼워주었죠
동 서 남 북 어디로 가든 변하지 않는 결혼의 증거
봄 여름 가을 겨울
서로의 손금 거미줄처럼 얽혀
누구의 손인지 구분 못할 때까지 함께 살기 위한 약속

그녀는
마늘밭에서 자식 농사짓기에 좋은 텃밭 일구고 있다
세월은 흙밭에 묻혀 무배란성 띠구름처럼 흘러갔다
그녀가 바라는 건 훌륭한 과수뿐이다
유방 한 쪽을 달빛으로 키우다 가볍게 웃어 넘겼어요
종양제거 수술한 그녀
담배 피우는 시간만 늘어난다

집 밖의 사내
스타킹 신지 않은 바텐더와 칵테일 즐기는 시간

발가락으로 달콤한 신호 보내는 데는
아이쇼핑 5분이면 만족해
닭똥 같은 1달러 던지면서
네 나이 열아홉, 보라색 감자 벗기기는 나의 취미였어
(칵테일 바 진열장에는 가끔 편두통을 전시하고 있다)

난 그들에게 아무런 빚도 없어
손가락 관절 썩는 냄새에 취해 빨랫줄 목에 걸었다
물주지 않아 말라비틀어진 토끼풀 반지 낀 채
조간신문의 이국적 침묵 속으로 구겨진 존재
(그녀는 감자꽃무늬 원피스를 입고 있었지)

패티쉬한 사내의 기하학적 내면세계

불면의 밤 아내에게 얼굴 잃은 사내가 있었다
-내 사랑은 여자의 옷장 안에 있어

여자의 속옷으로 존재, 존재를 알리는 사내가 있었다
-나의 죄는 그녀의 속옷에 신이 잠들어 있다고 믿는 것

낮과 밤의 그로테스크한 얼굴로 웃고 우는 사내가 있었다
-뿌리 깊게 길들여진 채, 노골적 혹은 따뜻하거나

마술적 신음을 내는 여자의 목소리 긁는 사내가 있었다
-치유, 치유는 봄비 내리는 날에 만나

보라색 허브의 꽃말을 애무하던 사내가 있었다
-인격적 아픔에는 비극적 과거사가 있어

우울에 홀린 사내에게 여자의 속옷은
-아껴 둔 부적이다

여름과 콘트라베이스의 끌림

1. 그곳*, 남성성이 배양되다

음악에는 차이의 욕망과 차별의 욕망도 존재하지 않는다

팔뚝의 근육과 근육 사이로 콘트라베이스가 연주된다
이전泥田에서 이전泥戰의 흐름으로
뼛속 수치심이 소진될 때까지

Beat … Beat … Beat …

2. 나란히 잠을 자는 바람을 같이 먹는 영혼들

금계국에서 뽑어낸 아침 공기를 손바닥에 두고 말린다

감옥 안, 감옥을 포개는 더 작은 감옥
감옥 밖, 감옥을 가두는 더 큰 감옥 안에 갇혀
수직의 질서 안에서 태양과 잠으로 인간 수형을 만드는
교도관 또한 (生)에 갇힌 수형자이다

3. 무기수의 종교 활동 시간 – 엄격 혹은 우울

>

"내가 그리스도와 함께 십자가에 못 박혔나니
주 예수그리스도의 크신 사랑 안에서"

그는 갈라디아서 서체로 애인의 상처를 갈고 닦는다

4. 살인자의 눈물로 시를 베끼다

무감각이 감각을 관통하여 그는 메두사의 웃음을 보았다

비밀에 빠져들면 섬 같은 사람
창살 너머 비치는 달빛과 포개진 채
머리 위에 놓인 환영의 얼굴과 함께 잠든다
공간과 시간 안에서 비극적 결함**을 습득한 후
3분과 3초의 상대성이론에 빗대어 자신의 심장을 긁는다

오늘밤은 용재 오닐의 섬집아기를 들으며 잠들어라

6. 다른 얼굴의 시간

촌철살인寸鐵殺人으로 생의 은유를 기억할 수 있는가

>

일생에 걸쳐 아껴먹어야 할 시간을
눈 깜박임의 순간에 팔아먹은 발바닥 안의 세월

손금 다투듯 함께 빵을 먹는 사람들
다른 사람의 상처가 잘 보이는 사람들

더위와 추위를 손으로 베끼고 또 베껴 죄를 잊지 못하는
그 죄를 을미년 여름에는 잊어라

오월의 첫 날, 희망의 간격을 뿌리는 비 내릴 것이다

* 경북 청송군 진보면 광덕리 산3번지.
** 비극적 결함tragic flaw : 아리스토텔레스의 용어에서 차용.

친애하는 J.J.에게

-음, 지루한 좋은 소식이군

경북북부제3교도소 계단 통로에는 빨간우체통이 있다
비밀의 편지들은 세상과 호흡한다
일주일에 한 번

-음, 천천히 걷는 공기가 되고 싶니

어머니가 없는 아이의 편지
어린시절 아버지와 함께 하던
낚시줄 끝에 매달려 바닷물과 같은 푸름을 볼 것이다

아버지가 없는 청춘의 편지
잠든 어머니의 머리맡에 누워
가족사진 옆, 얼룩진 사진찍기를 할 것이다

어린 신부를 죽인 신사의 편지
두 아들에게 기억되어야 할 언약
엄마는 죽었어, 엄마는 돌아가셨어

연인의 배신으로 죄를 안게 된 남자의 편지
겨울이 오기 전

서른 살 된 처녀의 옷장에 가서 털실로 앉을 것이다

외로움에
죽어가는
사랑의 언어

거기 인생 파노라마가 있다

3부

카니발

1. 성 십자 앞에서 혼인한 부부

서로의 두뇌 뒤적이는 제로섬게임은 하지 않아도 되는 시기 늑대나 경험할 법한 젊은 날 보낸 후 혼인하는 신사는 수줍기만 하다 남자들의 거룩한 뻔뻔스러움에 눌려 아이스크림만 먹던 신부의 입술이 얼었다 태양 같은 신랑 옆에 서서 다년초 베고니아 꽃말을 전한다

달콤함은 배고픔 채우지 못한 채

2. 우울증환자

혓바닥에 소금맛 길들이려 고등어 한 손 사는 대신 김빠진 잡담 돈 대신 넘겨주고 시장 골목 빠져나온 유니氏, 햇당근 한 바구니 들고 횡단보도 앞에 선다

머리 속은 당신을 위해 야채수프 끓이는 중

3. 찌푸린 가방처럼 찌푸린 남氏

매일 아침 밥 짓는 냄새에 신경이 날카롭다 아침 7시 정각 똑딱, 울리는 시계 곁에서 아침으로 커피와 머핀을 먹는다 찌푸린 가죽 가방 들고 증권회사로 출근한다 저녁이면 술 취해 머리 부풀린 채 살고 싶은 곳으로 달려 들어온다 엔틱 화장대 위 마블인형에 입 맞추고 잠든다 머리 속은 가난한 여자의 땀방울로부터 훔쳐온 재산을 헤아리는 중

>

4. 고속도로 달리던 화물차 운전수

시야를 가로지르는 고양이 째깍거리는 소음에 놀란 노랑머리 트럭 운전수 2011년 9월 헤드라이트 불빛에 조각조각 기절하는 중

순간 머리 속은 vacant, vacant

5. 골동품가게 할머니 홍氏

연합뉴스 헤드라인 읽고 있는 그녀 뭘 오래 보는 것이 피곤하다 빛바랜 비단옷 던져버리고 허영의 상점에서 '이대로 죽어도 좋아'의 주인공이 된다 가슴의 다이아 장신구, 손가락에 끼여 숨이 멎은 스와로브스키 반지 내던진다

그걸 던져버려, 내가 골동품 취급당하기 전에

-災의 수요일-

유토피아를
꿈꾸었다, 꿈꾼다, 꿈꿀 것이다
디스토피아를
사이보그처럼 달렸다 달린다 달려갈 것이다
신호등 앞에서
한밤중이라도 지나치기 꺼릴 정도로 법 준수하려 했어요
마침표 채 찍기 전에 권유된 유혹

헬의 태양은 그 혹은 그녀를 불러 세운다

마스크로 얼굴 가려 감정 파악이 둔해 보이는 남자 거위 깃털 21g 영혼의 무게 들고 서 있을 것이다 활짝 열리지 않은 문 사이에 두고 코사지 장식하고 서 있는 여자는 장밋빛 향기를 의심할 것이다 타인의 취향을 인정하는 눈빛은 2,000도 온도보다 뜨겁게 교차할 것이다 살 혹은 뼈 냄새는 災의 온기를 띤 유토피아와 디스토피아 사이에서 Absence in Presence로 프로세스 될 것이다

2011년 가을의 초입
화장터 앞에는 미래의 장미 한 송이, 구름의 빛살에 눌려 시리고 또 시리다

그 봄의 고운사

은적의 뭉게구름 속으로 손잡고 자박자박 걷는다 일주문 지나 산벚나무 길 들어서니 환한 속, 세상이 다가온다 고운지의 연둣빛 왕버들 속삭이는 소리 등운산 꽃덤불 속에서 고라니 암컷 태교 중인 것 눈치챘다 굴참나무 느티나무 말채나무도 그렇게 일가를 이루고 소통하며 산다더라 고운 사랑, 함께라면 산초나무 열매 기름으로 전부치고 나물 무치는 공양간 보살이 되어도 이승의 개똥밭이 저승보다 낫다 한다

봄의 시선, 나한전 앞 돌탑에 세 번 머무르는 순간
첫나들이 설렘으로 살 부비고 살고 싶은 인내가 부끄럽다
통하여 부끄러운, 반 마디 말도 많은 사이

선향 한 개 꽂으며 빌었다 오래 살아주소서 구름 깊어 그대 있는 곳 나 알지 못하더라도 우화루 벽화에 깃든 늘 깨어 있으라는 가르침 받는다

안과 밖
— 불로동 고분군의 봄 여름 가을 겨울

봄

물로 이름 새기 듯 은은한 비 한낮의 금계국 피운다 살찌워진 미풍이 입구 울타리 경계 없는 불로동 고분군의 211기 돌방무덤 파고든다 무덤 안의 비밀처럼 금계국 수런거리는 한낮 사월과 오월의 징검다리 햇살은 자리잡기 성취자들의 엉덩이 핥는 절시증환자로 변한다 봉긋봉긋 솟은 봉분의 봄기운 도굴꾼의 머리채 휘어잡고 놓아주지 않는다 재재거리며 서로 와서 누우려는 햇살은 레퀴엠 들으며 금계국의 오름 지켜본다

여름

갈등 풀어헤친 바람이 조사 읊조리고 있다 천오백 년 역사를 바쁘게 주워 담은 봉분의 섹슈얼리티는 절시증환자의 자양분 만들어 개망초꽃 피운다 지방토호들이 가지고 놀았던 상어뼈 그 값나가는 유물이라면 전쟁과 박해의 누이들에게 풀 먹인 수의 장만할 값은 되겠지 시간의 씨앗은 고고학의 밭에서 비밀 간직하고자 몰입한다

가을

덮개 있는 접시, 목이 긴 단지, 그릇받침 토기들이 입 크게 벌린 무덤 주위를 헤매고 있다 일몰 무렵 안개는 고독에 가슴 베인 채, 풀벌레 소리 들으려 귀 세우고 있다 커피색 예복을 입은 남자와 자애의 무덤에 묻혀 사지를 뻗고 살았다면 아쉬

울 것 없었어라 상현으로 기울어가는 걸음걸이 회칠한 무덤같이 하얗다 무덤 안을 기웃거리는 세월 앞에 가을 달빛은 커밍아웃이다

겨울

얼음꽃에 떨리는 나체는 뚜껑 덮은 직사각형 봉토분에서 잠든 피장자를 부끄러워한다 봉분의 허리에 걸터앉은 햇볕 한움큼이 고귀한 시각, 등짝의 뼈를 후려치는 눈이 얼어붙은 오르가즘을 길들인다 무덤과 하늘 그리고 피아만 있는 풍경이 살모두 헤어져 정강이뼈만 남은 채 울고 있다 우주의 거울 위로 서로 질세라 별이 뛰어 내린다 눈을 뜬 채 밤을 지새우는 왕과 왕비를 아시는지 집으로 돌아가는 어머니의 자궁이 품은 설야의 봄빛

먼지 춤추다
— Speak Out

#1
딸이 초경을 시작하면
아버지는 장미 한 송이와 케이크를 준비한다
등 구부려 꽃무늬 목판화만 찍고 있던 아버지
한여름 장미 꽃봉오리 피기 전 갉아 먹히는 모습이다

꽃그늘에 앉아 자동인형 가지고 놀았던 시절
정수리에 박힌 사금파리 햇볕 보았다
아버지의 뜰에서 자라던 꽃송이들
흙냄새 맡기 전 축축한 창가 바람소리에 꿈을 깼다

초목을 가꾸기 시작한 근친상간적 욕정은
풀잎 아래 몸을 감춘 독사의 혀
오래살면 수치스러운 일 늘어난다고 신문 칼럼에 있던가

아버지의 정원에서
삼촌 사촌오빠 동네이웃들이
저지른 몹쓸 수태를 못 본체 해 주세요
아버지
강간이 먹는 음식인가요

#2

초경이 터지듯 그녀들의 말하기 터져 나왔다
혼인할 나이에 나무토막이 되고 싶었다 한다
순결의 점유자에게 김이 서린 칼날 들이댈 수 없었다

마른 가시처럼 말라비틀어지게
눈꺼풀에 깃발을 꽂아 잠 깃들지 못하게 해요
불꽃이 나부끼는 가마솥에 넣어
내 나이 19만큼의 낮과 밤 갑절로 타게 해요
그들이 마시는 야채수프에 생쥐를 넣어 드릴까요

네 탓이 아니야
네 잘못이 아니야

惡- 惡- 내지르는 소리
허공에 걸린 악다구니 같다
지붕에 매달린 새장의 새, 목이 분질러질까 두렵다
뱀에게 상처만 내고 죽이지 못하는 꼴
(회개는 그의 몫이 아니라 神 혹은 身의 몫이라구요)

마네킹 엘레지

빨강색 사틴 코트에 노랑색 나팔바지 입은 너
진열장의 장식품을 훑어보는 엄마의 성적 취향처럼 퀴어하게 보여

동성로 거리, 핏기 없는 구름에 시선이 붙들린 저녁이었을 것이다 귀빈패션 진열장 앞에서 이마 붙이고 서성거리는 사이, 구제품 상점 안으로 네 애인들이 사르트르 대성당의 장미창처럼 화려한 페호 입고 몰려들 것이다 목 잘린 마네킹과 빗질되지 않은 풀잎의 침실로 들어갈 것이다 라벤더 향이 나는 침대에 걸터앉을 것이다 눈과 혀 마비시키는 율리야의 입놀림이 내 과거 들려줄테니 젤리 같은 네 입술을 열어라 말할 것이다 눈과 귀 혀가 호사를 누릴 것이다 노랑머리 율리야의 가슴이 내 심장 가까이 글썽거릴 때 청춘을 은닉하는 지진이 일어날 것이다 바디 잉글리시를 해체하기 전, 마네킹의 왼쪽 가운데 손가락 부러져 타일 바닥 툭, 치며 떨어질 것이다 손가락 사이로 너의 살이 빠져나갈 것이다 율리야의 왼쪽 가운데 손가락이 잘렸다는 소문, 새로 칠한 상점 내부의 불빛 타고 시내로 번져나갈 것이다 에로틱한 빗줄기 퍼부을 것이다 눈물의 화농이 흐르기 시작할 것이다

동정 지키느라 사랑을 모르고 살았던 율리야
알몸에 두 다리 가진 상처 입은 짐승일 뿐*

>

고개숙여 쇼윈도 앞을 떠날 때 녹색 바코드 한줄 박힌다
The first time ever I saw your face

* 『리어왕』 2막 4장.

복제된 Eve, 12시 기차로 떠나네

대구역 플랫폼의 뿌우연 시계는 이중모음으로 댕그랑,
… … … … … … …
변모의 시간 12시를 의심해요

Eve 1
어제 저녁 7시
값싸고 먼지 묻은 패각에 묻혀 기차에 오른다
은가루 발린 액자 속의 아빠 유령이 두 팔 벌렸어요

Eve 2
오늘 아침 5시에
동전이 병 속으로 굴러 들어가듯
만류의 유령이 저금통기차 속으로 굴렀어요

기차는 시간의 녹빛으로 채색된 몸체 껴안으며
약강오보격으로 행진한다
배꼽 없는 여자들은
병 속의 시간*으로부터 캘리그라피로 탈주한다

다시
스푸마토의 유령이
병의 목을 움켜쥐고

-장례는 몇 시에 시작되나요

* Jim Croce가 부른 노래 Time In A Bottle.

환대, 타자 1

수요일 아침
릇기와 사사기에 등장하는 새점을 본다

열리지 않는 입술 달싹이며 버선발로 뛰어 나가
수채화 물감 뿌려놓은 듯 善하게 다가오는 너를 맞는다

동두천 상패동
태양의 비늘은
길게 드러누운 수컷의 그림자 걷어내려 멀미하고 있다

좋은 팔자 타고나라 기도하는
수다 떨며 누운 바리데기들
면사포 한번 못 써 본 바스의 무덤

두 번이나 조산한 아랫배 다독이다
卒한 양춘실의 무덤
卒 앞에서
어린 내시 상복 입고 쭈그리고 앉아 한 잔의 술 올린다
혹은
장미수 뿌려 환대한다

13번째 피는 제비꽃에 쇠못을 박았고

모가지 꼬부라진 꽃이 잠들 때
순간 기가 막힌 아픔이다

환대, 타자 2

음모를 지배하는 매혹적인 세포를 위해
피맛의 기도 올리는 자
활자 속의 석상으로 대면한다

폐를 드나드는 피와 공기의 맛을 기억하지 못하고
HIV바이러스의 맹세에 묶인 인질
제비꽃 수염 문지른다

피와 종이 장미가 하나 될 때 안녕
잘자요 윤가브리엘
날숨과 들숨 그대에게 드리겠어요 길게 살아요

그날, 그에게서
환대로 내어놓은 혈액은 우울했다

정다방, 바다를 기다리다

씨줄에 울고 날줄에 웃어 한 필의 인견 만들었다 정 떨어질 때까지 한 평생 함께 덮고 자려 했다 정 또한 사치인가

기울어가는 햇살 정다방 구석 소금기 묻은 의자에 앉는다 고등어 갈치 비린내 의자 등받이로 스며든다 하늘 한복판에서 홀로 세상 비추는 태양, 쓸쓸함이 습관처럼 빈둥빈둥 시간 보내고 있다

폐 속의 한 털어내지 못해 봄길로 산책나간 지아비 그리워한다 프림 반 설탕 반 넣은 커피를 마신다 첫사랑 지아비가 주고 간 정 또한 절반이었지 정이 비린내 나는 오감의 자유분방함 이끌고 물빛바다 속으로 자맥질 한다 사금처럼 빠져나간 정 다시 건져 올리려

(어느 날 과일껍질 같은 여자의 화장기에 지아비 정의 절반을 도둑맞았지 남자의 맹세란 겉빛과는 다르다는 걸 그때 처음 알았지)

봄은 잘생긴 사람 금세 세상 뜨게 만든다

'연분홍 치마가 봄바람에 휘날리더라 … 알뜰한 그 맹세에 봄날은 간다' 지아비 묻고 돌아오는 길 혀끝에 맴돌던 습기 묻

은 가락이 업 앤 다운 춤춘다

생의 벌판에 회상의 씨앗 촘촘히 뿌려 이별을 눈치 채지 못해 지분거린다 정 또한 동해바다 물살에 씻겨 나가지 못한다 담배연기 희미한 벽 훔쳐보다 소금기 묻은 미련 바라본다

바다 위를 비추는 햇살 헤아리는 일이란 인생의 길이를 재는 일처럼 지루하다

안녕하세요 뚜르게네프 氏
그냥 한 번 불러봤어요
혹시 아주 혹시 당신이 살아 돌아 올까봐

우포늪 파노라마

봄

연초록 풀잎 몰고 오는 겨울철새들 이른 봄 물안개 사이로 분주하다 생명을 연대하는 파종의 쾌락에 들떠있다 추위 끝에 꽃 피운 자운영 꽃잎 간지럼 태우다 부끄럼 들켜버렸나 살아서도 죽어서도 몸 바쳐 녹비로 거름 되는 것 세상의 관습이고 치유이다 봄에는 사람의 인연도 우포의 숨결처럼 평범한 얼굴로 스쳐 지나간다

여름

쇠솔딱새 집짓기는 장대 같은 여름비의 축복이다 자기 몫의 소유로 투쟁하지 않아도 봄에 핀 생명을 먹이로 여름철새들 쑥쑥 자란다 줄풀과 창포줄기 사이로 논병아리 여름날 호숫가에서 자식사랑 재미에 젖어있다 내 한 몸 깃들 푸름 찾지 않는 생, 신자유주의 포즈 취하는 가난을 외면하는 곳 우포늪은 안고 있다

가을

갈대 물결 서쪽 산허리 끝에 맞닿은 노을과 입맞춤 한다 좁은 논두렁길 황금빛 제의가 숨 막히듯 전율이다 장다리물떼새 신방 엿보기는 산들바람을 맞이하는 일처럼 경쾌하다 새들의 먹이로 아홉 달을 순환하는 수초들 죽음을 준비하는 성장으로 시월에는 호기심이 하늘의 별 같다

>

겨울

늪 아래 가시연꽃 알뿌리들 온후한 입김으로 광고 내보낸다 가시연꽃 작은 잎들 고풍의 늪에 고개 내밀어 속삭이다 새들의 끼니라고는 느긋한 사람의 마음에 노닥거리는 저녁 늪의 햇살뿐이다 황소개구리 숨죽이며 첩첩한 물빛 아래로 숨는다 새들 태어나고 자란 습지에서 겨울철새탐조학교 현수막 걸고 있다

불씨의 시간 이해하기

마법에 걸린 성냥갑 안
꿀씨 불씨 하루 종일 같은 리듬
꿀씨 여자 불씨 남자가 입맞춤하려 덤빈대도 피할 도리없다
매일 입맞춤의 자세로 잠든다
성냥 한 개비 호박빛 꿈틀거려 눈꼽 떼며 불 붙는다
불꽃놀이
기억의 힘줄을 잡아당긴다
코카서스 산맥에서 이빨 부딪는 프로메테우스
독수리 청동빛 이마는 산해진미의 향응

-꿀씨 꺼내어 깃털 예복의 파랑새에게 선물한다
-불씨 따뜻해진 돌 움켜잡고 주머니 안에 넣어 문지른다

술꾼의 눈빛을 곁눈으로 훔쳐보기
담배 한 개비 물다 성냥갑 여닫는 순간에 세상 구경한다
마지막 한 개비의 사생아
전쟁터의 신발끈 동여매더니 술꾼의 발끝에 숨을 말린다
단 한번 살았던 자
화살촉에 묻은 냄새
청춘에 화상 남기고 말려든다
승자도 패자도 지배하지 못한 꿈
災의 상복 입고 장례식에 참석한다

>

꿀씨와 불씨 사이엔 문맥이 없다
어긋난 운명
방명록에만 남는
Z자 꼴은 참지 못한다

연못을 잃어버린 남자에게

#1
여름 반나절이었다
태양만큼 울부짖는 친구를 알지 못한다
불길한 햇빛의 호흡에 놀라 권태의 얼굴 살찐다
공기의 입김 속에서 장미가시 돋아난다
한낮의 슬픈 화음 불을 켜고 지나간다
리비도에 강한 남자를 회유하는 방법은
안심하라, 평안하다
-두 번째 벨소리는 누구나 듣게 되죠
빨간 신호등 켜두고 건널목 지키고 있어도
질주하는 오토바이 폭주족들
신호등 부수고 돌진하는 힘은
타인을 짓밟는 배리보다 강하다
오감에 갇혀 신중함 날리며 부벼대는 햇살들
내 몸의 모든 부품들을 나사못으로 조여달라
정신과의사의 진단으로는 해석이 불가능해
그들이 뿌린 낱말과 낱말 사이의 그림자 길게 깔린다

#2
벽 안의 물안개꽃으로 살았던 그녀
손톱 매니큐어 色깔, 토마토 소스와 닮았다
따분한 갈증은 사발 조각으로 변하는 걸음 같다

독사들이 일광욕하던 정오가 지나고
불안한 가슴에 데이지꽃으로 장식한 오후
그래요 우린 불륜을 임신시켰어요
앵초꽃이 초봄을 알리기 전에
그 곡조 다 외워버린다
허물어진 연못에 비가 스며든다
웃비 내린 후 응달에 앉아 쉬고 있는데
한 남자가 미친 사람에게 아내가 있는지 물어본다
-아내라고, 나는 결코 미치지 않았어

여름이 지나면 스틱 자국으로 자란 그녀가 올 것이야

참 딱한 아저씨네 오쟁이진 사내를 고칠 약은 없다
가슴 치아 머리카락 심장 뛰는 소리도
모조품이었던 아내와 백일몽 꾸는 날보다 길게 살았다
천둥을 동반한 비 소리에 쑥- 잠에서 깨어났다
눈물 많은 잡초를 천둥이 불태워 죽일 수 없다

봄볕 아래, 서봉사

기막힌 저 햇빛을 보다

봄날의 스님과 마주 앉는다

동건스님 둥근 미소는

수도산 치마폭 서봉사 범종각에 걸려 내려앉을 줄 모른다

부처님 오신 날

양이거나 사자이거나, 개이거나 고양이거나

禪을 닦는다

인간사 음습陰濕

서봉사 높은 절마당에 널린 봄볕에 말린다

콩국수

목젖까지 여름의 입김이 말려드는 오후
약전골목 한옥 국시집
모과나무 그늘에 자리잡고 앉는다
콩국수 앞에 두고
뱃속의 허기 다독이듯 씹는 법 배운다
콩국수 위에 동동 노래하는 깨소금
알콩달콩 살았다는 소문
솔솔 나도록 씹어야 제 맛이다
데칼코마니로 가슴 붙여 살고 싶었던
첫사랑
죽도록 사랑하여
암콩 숫콩 구분없이 한날한시에 갈아낸
콩국수 국물
너의 목젖을 음악처럼 적신다

참, 눈치없다

수컷 원숭이는 평등주의자가 되고 싶다

운다
운다
암탉이 울면 집안이 망한다
사내대장부가 부엌에 들어가면 고추가 떨어진다
그러나 평등은 오지 않았지
"아버지가 죽고, 엄마가 죽고…"

운다
운다
암컷 원숭이가 지붕 위에 앉아서 운다
호주제가 폐지되었다는 소식을 신문기사에서 보았다
그래도 평등은 오지 않았지
"엄마가 또 죽고, 아버지가 또 죽어도…"

여자는 땅이고 남자는 하늘이라
코 길게 빼고, 귀 크게 열고, 느릅나무 위에 앉아 기다린다
그래도 평등은 오지 않았지
"아버지가 또 죽고, 엄마가 또 죽어도…"

운다
운다
수탉은 고급진 봄볕 그늘아래 앉아서 운다

노란 리본을 목에 감은 채 집 나간 노라를 기다린다
평등은 오지 않았지
성평등은 어디쯤 오고 있나

"나는 평등 수컷인가" 잠자리에 들기 전 깨물어본다

… … … … … … … … … … …

계집 웃음이 담장 넘어가면 안 된다
여자 셋이 모이면 접시가 깨진다
할머니 웃음소리가 들린다

크크크… 키키키… 음음음… 낄낄낄…

수컷 원숭이는 평등한 평등주의자가 되고 싶다

아버지를 위한 3월의 시

가을 낙엽 기다리다 수척해진 얼굴
국수가락 길이만큼 한 계절 명줄 키우고 싶었던지
-오늘은 국수가 먹고 싶어
게걸스럽게 일생의 양식을 한 순간에 먹어치운다
말없는 과부로 살게 될 아내 걱정하여
국수가락 보태준 힘으로
삼년 삼일을 가슴앓이 심정으로 버텼던 아버지

서리 내리고 비 녹는 계절 견뎌내던 아버지
곡기 끊으시더니
국수가락 부러지듯 생명줄 놓아버린다

임종 지키던 열둘의 눈망울들
소의 눈물처럼 맑음이다

관 뚜껑 닫기 전
생전에 혀 굴려 차마 하지 못한 말
-아버지 사랑해요
아버지, 그 길이 새끼손가락 끝으로 만져지나요
기억의 끝, 레테의 강 건너는 노수부의 노래가 들리나요
비밀스런 가슴에 땅 속 냉기 스며들지요
일흔 넷을 버텨온 생애는

아치형 무덤 안에 막 내린다

동서남북 펼쳐진 나무 그늘에 앉아
아버지의 훈계 콧구멍으로 흠뻑 들이 마시며
평화로운 나들이 떠난 홍방울새 소식 듣는다

수달이 태어나는 흔적

거리의 네온싸인 신천에 미끄러진다 산오리는 경건한 자세로 내려앉고 수달은 도시의 사랑 따윈 하지 않겠다고 맹세한다

초음파 검사가 시작된다
긴 바늘 끝, 자궁을 통과하여 태아성별 합법적으로 묻어나온다 얼음 같이 찬 세포 찌꺼기 모태에서 희롱 당한다 두통과 구토가 시작된다 태아의 신경계 심장을 숨겨 놓았군

30cm 태아, 둥근 머리와 등뼈, 꼬리뼈 보인다 한가운데 천칭접시 닮은 심장이 보인다 투명한 갈비뼈에서 마른 혈액 펌프질한다 납작한 코 근육 움직여 넓은 미간 웃게 한다 굶주린 태아의 눈, 진주 가루 발라 어렴풋 반짝인다 산모의 손과 발 미주자율신경 찔러 어지럼증 일렁인다 눈과 눈꺼풀 뜨고 감기 반복하는 사이, 젤리 바른 청진기 모체의 혈관 위에 미끄러진다 임신한 몸, 생명의 깃듦을 응시하다 신경질적으로 경련한다 태아에게 귀 돋아나 나무뿌리의 숨소리까지 기억하려 몰입한다 마침내 혼절하는 태아의 현기증 일 분을 천 분의 일로 나누어 조용하고 편안하게 속삭인다
당신 몸이지, 당신이 치유해

거꾸로 선 태양을 보듯 제 모습 부끄러워 제 자리로 방향을 잡아요 손톱 발톱 자라나 머리카락 빛깔 짙어지지요 매듭달의

정기 받아들이게 자궁을 살려 주세요 허공을 향해 눈을 질끈 감아요 초롱초롱한 모성에 기대어 탯줄 잡고 6월의 루드베키아 번식력처럼 살아나게 하소서

봄볕에 수繡 놓다

배가 불렀구나 핀잔 하는 소리에 놀란 산수유
꽃을 피우다
이런 꽃 필 때면 강 건너 개나리꽃도 따라 피었거라
산허리 휘감는 산벚꽃 진달래 철쭉
유채꽃도 피었거라
내 탓이오 내 탓이오 중얼거리며 피었거라
수밀도의 젖가슴 열고 목련꽃도 피었거라
이름 없이 피다 지는 들꽃
풀꽃이 제 살을 간지럼 태우며 서로 일으켜 세운다

물오르는 사월
전생으로 가는 흙의 거름이 되어
드디어 봉분꽃 피어나다

繡 놓은 부적 하나 품지 못한 아버지
사월을 繡 놓았네

아버지는 봉분꽃으로 태어난다

기림사의 겨울감

중년이 되어 오른 기림사 숲길
단청 입히지 않은 대적광전 풍경소리 발 아래 깔린다

불심 윤택해지려 다듬이질 숨 가쁘고
석탑도 오백년 이끼 껴안고 속 태우고 있다

잔설 품은 겨울감
지물과 색상이 다른 오백 나한상 앞에 앉아 읍소한다

떫은 감도 서리 맞은 뒤에야 맛이 들어

까치밥으로 끝나는 생애
4월 감나무 속잎 필 때도 은혜 갚을 길 싹트지 않는다

반백의 감나무 자화상
토함산 보리수나무 보름달에 비쳐 변덕스럽게 보인다

여우와 소나무

만일 비가 오면
비와 음악과 소나무를 발끝으로 만진다

머리 땋아주는 전범
왕자를 소나무 숲 아래에 파묻은 여우
안돼 우린 아직 충분한 친구가 아니잖아

19세기 사관死觀* 옆에 끼고
벼꽃과 콩꽃의 머리 긁어주는 농부
순모 겉옷에 원예 장화 신고
물통 높이 올려
콩꽃의 머리에 꿀이슬 뿌려준다
그의 정원에서
둥글게 녹색 보자기로 목 감싸고 언어놀이 하지요
여든여덟 번째 손길 두겹으로 떨릴 때
여우의 재재거리는 말소리
전지가위로 사철 콩꽃의 모가지 싹뚝 자를 분은 아니지요
왕자의 집을 빠져나올 때까지
언어놀이를 다시 해요

여우는 입술 봉한 농부의 책을 읽는다
책 속의 소나무가 가리키는 건 날이미지의 에피파니

>

왕자가 아닌 한 아이에게**는 전등사에서
소나무로 솔솔 선정에 든다
상형문자 무늬는 풍경소리에 사라진지 오래다

* William Cullen Bryant, 「Thanatopsis」.
** 오규원 시인의 시집.

해설

지팡이, 카우치, 그리고 테이블
— 윤은희의 시의 방房에 놓인 것들

안서현 문학평론가

지팡이, 카우치, 그리고 테이블
— 윤은희의 시의 방房에 놓인 것들

안서현 문학평론가

윤은희 시인의 시 세계는 이채롭다. 어디에서도 찾아보기 어려운 그의 개성적 시풍은 고유한 시적 관심과 과감한 언어 운용에 의해 뒷받침된다. 먼저 시인의 고유한 시적 관심은 문명비평에 놓여 있다고 할 수 있다. 현대 사회의 겉과 속을 가감없이 꿰뚫어보고자 하는 거침없는 문명비평적 시선이 그의 시적 개성의 주된 원천이 되고 있는 것이다. 그리고 시인의 독특한 언어 운용방식은, 신조어나 외래어, 외국어, 그리고 상표나 고유명사 등을 그대로 사용함으로써 그 이물감을 통해 작금의 혼성적 언어 풍경을 반영해내는 데 그 특징이 있다. 다른 시인들은 모국어의 순수한 세계를 지켜가는 것만을 자부로 삼지만, 윤은희 시인은 그보다는 동시대 언어의 날것 그대로의 생생함을 지향한다. 요컨대 윤은희 시인의 첫 시집은 현대의 세태와 습속, 그리고 그 문제성을 고스란히 담아낼 수 있는 언어적 구체와 실감의 세계를 구축하고 있다 하겠다.

우리는 이 근사한 문명비평가-시인의 모습을 상상해본다. 먼저 도시를 활보하며 낯선 이웃들의 삶의 모습을 관찰하는 산책자인 그의 모습을 상상해본 후, 그에게 산뜻한 단장과 모자를 들려준다. 그가 유리로 된 가게나 찻집의 문 안을 들여다보다가 누군가에게 오해를 사기라도 하면 점잖게 모자에 손을 얹고 한손에 지팡이를 휘두르며 그곳을 떠날 수 있도록 말이다. 또 이 도시에서라면 도처에서 만나게 되는 우울증 환자들의 진찰을 해주는 분석가인 시인의 모습을 상상하며 그의 방 한 켠에는 카우치를 마련해둔다. 자신을 찾아온 이들을 카우치에 눕히고 이야기를 듣는 것이 그의 일이긴 하지만, 그렇다고 해서 그는 섣부른 치료를 하려 드는 어리석음을 범하지는 않을 것이다. 카우치에 누운 환자는 자신의 증상에 관해 알고 싶어하지만, 어디까지나 그 증상을 잃고 싶어하지는 않는 법이기 때문이다. 환자는 자신의 증상을 향유하고 있다는 것. 프로이트 이후로 이제 꽤 유명한 이야기다. 마지막으로 시인은 먼 훗날에 이 시대를 증언해줄 수 있는 사물들을 모으는 수집가이기도 하기에, 그의 방에는 수집품들을 올려놓을 테이블도 마련해본다. 물건은 그 소유자 혹은 그가 향유했던 한 시대를 증언한다. 또한 그 테이블 위에는 문명비평가에게 있어 손에서 놓을 수 없는 것 중 하나인 신문도 놓여 있어야 할 터이다. 아니 지금은 인터넷 뉴스의 시대이므로, 그의 테이블 위에는 작은 랩탑 컴퓨터도 하나 있는 편이 낫겠다. 그의 테이블에는 이렇게 동시대의 거울들이 잔뜩 놓이는 것이다.

이것은 이 시집을 읽고 상상해본 시인의 모습이다. 물론 이것은 유쾌한 상상일 뿐이며, 실제 시인은 그의 시적 페르소나인 '지팡이를 짚은 문명비평가 신사'와는 상관없이 우아한 모습일 테지만 말이다. 그렇다면 이러한 문명 비평의 도구들을 통해 이 시인-페르소나가 관찰하고 또 그려낸 현대의 요지경

속으로 한번 들어가보면 어떤가.

산책자의 지팡이: 도시의 우울과 환등상

시인의 방에 놓인 첫 번째 사물인 지팡이는 사실 저명한 철학자이자 비평가인 발터 벤야민에게서 잠시 빌려온 것이다. 대도시의 아케이드를 산책했던 벤야민과도 같이, 산책자-시인flâneuse-poétesse/flâneur-poète은 욕망의 미로 혹은 허영의 극장과도 같은 도시 거리를 배회한다. 상점에 진열된 상품이나 카페에 가득 찬 손님들은 물론, 가게의 간판이나 광고판, 그리고 거리에 흩날리는 신문의 호외나 광고지에서 볼 수 있는 파편적인 기호나 이미지들까지 거리의 모든 것이 벤야민에게 현대성에 대한 영감을 주었던 것처럼, 시인에게도 역시 그러하다. 벤야민에 따르면 대도시의 거리는, 한편으로는 군중을 마비시켜버리는 화려하고 현혹적인 환등상phantasmagoria을 보여주기도 하지만, 한편으로는 잊혀진 유토피아의 흔적과 희미한 구원의 단초를 숨기고 있기도 하다. 시인(벤야민에게 있어서는 철학자, 또는 글쓰는 사람)은 바로 그 이중적인 상을 읽어내는 사람일 터이다.

윤은희 시인의 등단작인 「아르정탱 안을 습관적으로 엿보다」는 시인이 자신의 단골 카페 '아르정탱'에서 "엿보"게 된 풍경들, 그리고 그 풍경들이 환기해낸 시인의 꿈들을 그린 시다. 이때 '엿본다'는 행위는 결코 표피적 관찰이 아니며, 공간과 사물이 보여주는 현상과 그것이 불러내는 기억(현재와 과거), 그리고 그 안에 숨겨져 있는 내밀한 정념과 생의 비밀을 생동감 있게 포착하는 행위다. 이국적인 이름을 가진 이 카페에는 다양

한 인간 군상이 엇갈려 들끓고 있다. 권태로운 연인이 있는가 하면 어색한 침묵의 두 남녀가 있고, 결혼식을 앞둔 교회 사람들이 있는가 하면 젊고 활달한 술 친구들이 자리를 잡고 있다. 갤러리에는 프리다 칼로와 디에고 리베라의 그림이 함께 놓여 있고, 레너드 코헨과 베빈다의 노래가 번갈아 들려온다. 이렇게 환멸과 영원(빛을 잃어가는 맹세와 새로 언약되는 맹세), 성과 속, 중년의 회한과 청춘의 빛, 남성성과 여성성이 공존하고, 또 교차한다. 그리고 그 속에 흩뿌려져 있는 인생의 비의의 파편들을 시인은 그러모으고 있는 것이다. 이 시집 속 「마네킹 엘레지」나 「정다방, 바다를 기다리다」 등의 시편들도 마찬가지로 이러한 도시의 풍경과 멜랑콜리를 그린 시들이다.

「카니발」이라는 시편은 또 어떠한가. 역시 다양한 풍경들이 겹쳐지고 여러 목소리들이 혼조를 이루는, 또 성과 속이 중첩되어 있는, 그야말로 카니발리즘적 미학의 세계를 보여주고 있다.

1. 성 십자 앞에서 혼인한 부부

서로의 두뇌 뒤적이는 제로섬게임은 하지 않아도 되는 시기, 늑대나 경험할 법한 젊은 날 보낸 후 혼인하는 신사는 수줍기만 하다 남자들의 거룩한 뻔뻔스러움에 눌려 아이스크림만 먹던 신부의 입술이 얼었다 태양 같은 신랑 옆에 서서 다년초 베고니아 꽃말을 전한다

달콤함은 배고픔 채우지 못한 채

2. 우울증환자

혓바닥에 소금맛 길들이려 고등어 한 손 사는 대신 김빠진

잡담 돈 대신 넘겨주고 시장 골목 빠져나온 유니氏, 햇당근 한 바구니 들고 횡단보도 앞에 선다

머리 속은 당신을 위해 야채수프 끓이는 중

3. 찌푸린 가방처럼 찌푸린 남氏

매일 아침 밥 짓는 냄새에 신경이 날카롭다 아침 7시 정각 똑딱, 울리는 시계 곁에서 아침으로 커피와 머핀을 먹는다 찌푸린 가죽 가방 들고 증권회사로 출근한다 저녁이면 술 취해 머리 부풀린 채 살고 싶은 곳으로 달려 들어온다 엔틱 화장대 위 마블인형에 입 맞추고 잠든다 머리 속은 가난한 여자의 땀방울로부터 훔쳐온 재산을 헤아리는 중

(후략)

―「카니발」 부분

이 시에서는 현대인들의 욕망의 풍경들이 나열되고 있다. 채울 수 없는 애정의 허기나 일상의 공허를 가짜 위로―달콤한 아이스크림이나 바구니 속의 햇당근, 그리고 마블 인형의 키스―로 달래는 인물들이 등장하고 있는 것이다. 화려한 겉모습과 허기진 내면은 현대인의 삶이 품고 있는 전형적인 아이러니이다. 다르게 설명하면, 소비와 공허는 현대인의 삶 속에 똬리를 틀고, 앉은 서로 맞물린 뱀과도 같다. "카니발(재의 수요일 직전에 열리는 축제를 의미한다)"이나 사순절의 금욕의 시작을 나타내는 "災의 수요일"(인용 뒷부분)은 욕망의 충족과 억압이 교차되는 주기를 암시한다. 과거에는 이러한 제의적 혹은 종교적 주기가 작동하였지만, 지금은 소비와 공허의 아이러니가 이를 대체하고 있는 것이다.

다음으로는 「페티시즘의 마리오네트들」의 일부를 읽어보자.

아담스채플관 문을 열고 들어갔다
알쏭달쏭 스무 명의 마리오네트들 아이폰4s에 나오는 Steve Jobs 1의 사과처럼 신맛을 본다 Jobs 2가 듣고 있는 음악을 만진다 백년의 최면에 기대어 Jobs 3의 얼굴에 귀 기울인다 Jobs 4의 손가락이 쇼팽의 피아노와 현을 위한 녹턴을 두드린다
참 우울한 일이야
Jobs 5의 전두엽에 녹아 든 마리오네트 맨드라미 부풀리듯 끄집어낸다
살아있는 척
Steve Jobs의 시뮬라시옹들은 어린 꿈을 환대한다 (후략)

— 「페티시즘의 마리오네트들」 부분

위의 시에는 스마트폰을 만든 스티브 잡스의 마리오네트들이 되어버린 현대인의 초상이 그려져 있다. 스티브 잡스의 꼭두각시이자 모방자(시뮬라크르)이자 "노예"(2연)가 되어버린 애플스토어 안의 추종자들은 상품과 테크놀로지의 환등상에 사로잡혀버린 불나방들과도 같다. '애플'이라는 상표와 인류에게 신기원을 선사한 '아담'의 이미지, 그리고 그 아담과 애플을 경배 혹은 물신숭배하는 현대인들의 모습을 풍자하는 '채플'이라는 단어가 합쳐진 '아담스채플'이라는 시인의 패러디 작명이 풍자적이다. 이 시가 그려내고 있는 것은 스티브 잡스의 분신과 유령들이 무한히 증식되고 있는 그로테스크한 풍경이자, "어릴 적 물구나무서기를 하고 바라보았던 세상"(인용

뒷부분) 즉 물질과 테크놀로지가 인간의 우위에 놓이게 된 전도된 세계, 판타스마고리아의 풍경인 것이다.

분석가의 카우치: 마음의 가난과 병

윤은희 시인의 시인-페르소나는 현대인의 무의식을 파헤치는 분석가-시인이기도 하다.

마음이 가난한 현대인들은 "카운슬러"를 찾아가거나 타로카드 점을 본다. 그러한 방편에 의존해서라도 삶의 공허와 불안을 이겨내려는 것이다. 이러한 시적 정황이 「카운슬러 페르소나」나 「매달린 남자」에 나타나고 있다. 그러나 "카운슬러"의 말이나 점괘는 사실 기만적 환상이나 은유적 몽상에 지나지 않는다.

카운슬링이란
반라의 자세로 앉아 오렌지 향수에 콧구멍 처박고
고양이 꼬리 흔들듯 우울증환자의 엉덩이 춤추게 하는 것

어린 나무에게 휴식을 주는
리터머스 시험지로 독이 든 치료약을 손바닥에 문지르고
수리 수리 마수리 연기 피워 올리며 주문을 외운다

논 삐앙게레*
논 삐앙게레
논 삐앙게레

우스워서 눈물 나는 노래

페이소스의 문신이 박힌
혹, 푸른 최음제 빛의 문양은 어디로
어린 꿈을 말랑말랑하게 회유하는 댓가로
그녀 발톱에는 장미향으로 치장한 궁전 하나 생긴다

읍소하는 침묵이 아니면
팔찌 흔들며 관습에 이끌려 씨앗의 싹을 수놓는
네 혀를 묶어라

* 수전 손택의 "논 삐앙게레Non Pianggere, 울지마!" (전문, *는 원주)

—「카운슬러 페르소나」 전문

이와 같이 시인은 카운슬러의 거짓 위로를 희화화하고 "우스워서 눈물 나는" 것으로 풍자한다. 그리고 대신 현대인들을 카우치에 앉힌다. 아래의 시 「페티쉬한 사내의 기하학적 내면세계」에서 두 가지 층위의 언어들이 교차하는 시 형식은 마치 분석가의 목소리와 분석대상의 목소리가 번갈아 들리는 듯한 효과를 자아낸다. 그가 보았을 때 현대인들이 가지고 있는 전형적 증상은 우울증과 페티시즘이다. 주체의 소진과 타자와의 유대의 상실[1], 그리고 그로 인한 주체의 공허를 사물에 대한 집착을 통해 대리보충하고자 하는 증상인 것이다. 「면도날 모티프」, 「우울증 환자의 얼굴」 그리고 「페티쉬한 사내의 기하학적 내면세계」 등의 시들에 그러한 진단이 두루 제출되어 있다.

1) 한병철은 『피로사회』에서 현대인의 우울증 증상을 이렇게 정리하고 있다. 한병철, 『피로사회』, 문학과지성사, 2012, 2장 '우울사회' 참조.

불면의 밤 아내에게 얼굴 잃은 사내가 있었다
-내 사랑은 여자의 옷장 안에 있어

여자의 속옷으로 존재, 존재를 알리는 사내가 있었다
-나의 죄는 그녀의 속옷에 신이 잠들어 있다고 믿는 것

낯과 밤의 그로테스크한 얼굴로 웃고 우는 사내가 있었다
-뿌리 깊게 길들여진 채, 노골적 혹은 따뜻하거나

마술적 신음을 내는 여자의 목소리를 긁는 사내가 있었다
-치유, 치유는 봄비 내리는 날에 만나

보라색 허브의 꽃말을 애무하던 사내가 있었다
-인격적 아픔에는 비극적 과거사가 있어

우울에 홀린 사내에게 여자의 속옷은
-아껴 둔 부적이다

—「페티쉬한 사내의 기하학적 내면세계」 전문

"얼굴 잃은 사내", 자신의 주체성을 상실하고 "여자의 속옷"이라는 특정한 사물을 경유해서만 자신의 "존재를 알"릴 수 있는 이 "사내"는 한마디로 현대적 '주체의 실패'의 한 전형을 보여준다고 할 수 있다. 타자와의 인간적 관계 대신에 사물에 대한 고착된 욕망으로 자신을 확인하고 증명해야 하는 현대인의 왜곡된 주체성이 이 시에 포착되어 있는 것이다. 자신을 잃은

그의 얼굴은 "그로테스크"하다. 그는 "치유"를 끊임없이 연기하며 자신의 증상을 향유하고, 자신의 과거와 미래까지도 이러한 왜곡된 관계에 속박시켜버린다. 그리고 무엇보다 이 "사내"는 모두 같은 "사내"일 수도 있지만 매 연에 다른 "사내"'들'이 등장하고 있는 것인지도 모른다. 이 주체의 왜곡과 실패라는 시대의 고질병은 어떻게 치유될 수 있을까.

수집가의 테이블: 물상과 그 그림자

이제 마지막으로 시인에게서 수집가의 면모를 찾아내볼 차례다. 먼저 「현대사 전당포의 비밀」을 보자. 전당포라는 공간에서 시인은 "먹고 살기 힘들었던 시대의 멜랑콜리"를 읽는다. 주인에게서 잊혀지거나 몇 푼의 돈으로 환금되어버린 사물들은 시인에게 많은 말을, 특히 현대성에 대한 진실들을 가감없이 전한다.

> (전략)
> 낯선 사기꾼의 이태리제 선글라스
>
> 성형수술한 뮤지컬 배우의 루이뷔똥 가방
>
> 마음 떠난 약혼자의 스위스제 카르티에
>
> 낡은 정치가의 홍보석 박힌 도자기
>
> 거식증 여배우의 세공 유리병에 담겨 있는 향수

헤어진 허즈의 결혼반지

(후략)

—「현대사 전당포의 비밀」 부분

이 시는 현대인들의 과시와 변덕을 드러내는 무수한 증언적 사물들에 대한 박물지와도 같다. 이 목록 속의 물건들은, 한때는 주인의 욕망하는 자신의 이미지나 관계의 이상을 담아낸 호화로운 소유물이었으나, 이제 주인의 환멸이나 관계의 종말에 의해 전당포로 오게 된 것들이다. 이러한 사물들을 낱낱이 호명하는 이 시의 구체성의 언어는 그 자체로 물신적인 현대인들의 삶을 잘 반영하는 한편, 그러한 물신적 집착의 덧없음을 또한 고발한다.

수집가-시인은 이렇게 다른 사람의 테이블에 놓여 있는 물상들을 통해 그것들이 의미하는 현대적 삶의 공허를 보여주는가 하면, 자신의 테이블에 놓인 신문이나 책(일일이 논의하기에는 지면의 한계가 있으나 「윌리엄 셰익스피어와 나누었던 역설의 대화」가 있다. 이 시에서 시인은 고전 속에서 현대 미학의 핵심이자 현대적 주체의 구조인 아이러니와 패러독스를 읽어내고 있다.), 혹은 신문이나 인터넷 단말기를 현대를 읽는 거울로 삼기도 한다. 「詩人, 버뮤다 삼각지대에서 놀기」는 신문 대신 인터넷이 점유한 테이블의 풍경을 다루고 있는 흥미로운 시편이다.

신년, 조간신문의 종잇장 위에 대붓으로 떨군다:

-동시대는 미래파 그러므로 실패, 우리에게 보여주오

자색의 밤바다
야맹증 물고기 시체들이 포복절도 하는 곳으로 간다
돋보기로 Surfing the Internet 활자에 입 맞춘다
맨대가리로 달려들어 물마루 삼키는 수탉들
칼 빼어 들고 가파른 물 위로 곱이친다

내일은 커피와 호흡으로 어릿광대 놀음 구경하세요

물고기들 혀 날름 빼물고 키 재는 양피지 위
기호를 포식하는 외래종 얼간이 눈알 삼각자로 잰다
끝을 당기는 모서리 안에서
퍼즐 맞추듯 타작하는 곡식알의 비명 소리

밀물 썰물 흔든 달의 주목 끌지 못한 채 고함치는, 혹독한

조롱과 말놀이는
폭풍우 만나기 전
여름날 기승부리듯 다이빙 한다
눈꺼풀에 꽃즙 발린 물고기 혼자 놀기의 진수를 보여주지

빗장 걸린 뿔대문을 때려 부술테야
(후략)

—「詩人, 버뮤다 삼각지대에서 놀기」 부분

바다의 물결을 타고 노는 물고기들의 이미지는 한없이 가

벼운 인터넷 속 기호와 이미지 들의 세계를 누비는 네티즌들을 나타낸다. “시체”, “어릿광대”와 ‘구경꾼’, 그리고 ‘포식자’의 이미지로 변주되는 이 물고기 이미지는 이들의 무력함, 무비판성, 그리고 폭력성을 암시한다. 그들의 행태를 설명하는 “포복절도”, “조롱과 말놀이”, 그리고 “혼자 놀기” 등의 표현 역시 마찬가지로 이들의 행위가 갖는 무의미함의 극치를 드러낸다. “바다”와 “물고기”라는 비유는 약육강식의 원리가 통하는 하나의 생태계를 연상시킨다. 타인에 대한 공격이나 조롱을 통해 그보다 우월해지거나 그를 지배하려 하는 행위는 서로 “살결 뜯어먹기”(인용 뒷부분)를 하는 이 카오스적 생태계의 냉혹한 일상이다. 또 “버뮤다 삼각지대”라는 시어는 정상적인 주체의 ‘실종’, 그리고 무력하고 수동적이며 폭력적인 주체로의 대체를 가져오는 인터넷 세상의 위험을 집약적으로 표현한다. 이는 앞 장에서 살펴본 현대인의 병적인 내면의 또 다른 표현 양태일 수 있다. 지금까지 우리는 현대인의 물신성을 풍자하는 윤은희 시인의 언어를 전유하여, 산책자, 분석가, 그리고 수집가로서의 문명비평적 면모를 보여주는 시인의 시적 세계를 세 개의 ‘사물들’을 중심으로 살펴본 셈이다. 이렇게 참신한 시선과 과감한 언어를 통하여 우리 시의 스펙트럼을 더 넓히는 전위의 시인이 우리에게는 늘 필요했다. 윤은희 시인이 지금까지 없던 낯선 시의 빛깔로 우리 시라는 스펙트럼의 한끝자리를 열어나가기를 고대한다.

윤은희

윤은희 시인은 경북 경주에서 출생했고, 계명대학교 일반대학원 영어영문학과를 졸업했으며, 현재 인구보건복지협회에서 재직하고 있다. 2009년 《무등일보》 신춘문예, 2011년 『시와 세계』로 등단했으며, 합동시집으로는 『젊은시』(2009, 문학나무)가 있다.
윤은희 시인의 첫시집 『아르정탱 엿보다』는 현대인의 물신성을 포착하여 그만의 시적 언어로 산책자, 분석가, 수집가로서의 문명비판적인 전모를 보여준다. 더없이 날카롭고 예리한 시선과 그 언어들을 통하여 한국 현대시의 스펙트럼을 넓히려는 전위주의자로서의 투신이 바로 그것이다. 정상적인 주체의 실종, 한없이 수동적이고 폭력적인 주체들의 난무, 따라서 인터넷 세상의 위험은 "버뮤다 삼각지대"의 그것이라고 하지 않을 수가 없다.

이메일 : fairandfoul@hanmail.net

윤은희 시집

아르정탱 엿보다

발　　행 2016년 1월 20일
지 은 이 윤은희
펴 낸 이 반송림
편집디자인 김지호
펴 낸 곳 도서출판 지혜
　　　　 계간시전문지 애지
기획위원 반경환 이형권 황정산
주　　소 34624 대전광역시 동구 선화로 203-1 2층 도서출판 지혜 (삼성동)
전　　화 042-625-1140
팩　　스 042-627-1140
전자우편 ejisarang@hanmail.net
애지카페 cafe.daum.net/ejiliterature

ISBN : 979-11-5728-167-1 03810
값 9,000원